Zwergenstübchen

Zwergenstübchen
Rezepte für Feste

Vehling Verlag
Berlin • Werl i.W. • Basel • Graz

Zwerge feiern Feste für ihr Leben gern. Was wäre jedoch ein Fest ohne die vielen Köstlichkeiten aus der Zwergenküche – u.a. leckere Vorspeisen, feine Suppen, bunte Salate, schmackhafte Hauptgerichte und tolle Desserts. Eröffnen wir unser Festmenü mit dem ersten Zwergen-highlight, den Käse-Avocados.

Elke Schuster

Käse-Avocados

Zutaten:
2 Avocados, etwas Zitronensaft, 1 Zwiebel, etwas Butter, etwas Knoblauchsalz, 1 Tomate, etwas Salz, Pfeffer und Basilikum, 50 g geriebener Hartkäse

Zubereitung:
Halbierte, entsteinte Avocados mit Zitronensaft beträufeln. Feingehackte Zwiebel in heißer Butter glasig dünsten, würzen und in die Avocado-Hälften füllen. Tomatenscheiben darauf geben, gut würzen und mit Käse bestreuen. Die Avocados im vorgeheizten Grill überbacken.

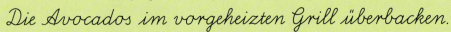

GEFÜLLTE TOMATEN

Zutaten:
4 Tomaten
etwas Salz
125 g Quark
1 Esslöffel Crème fraîche
1/2 Paprikaschote
1 hartgekochtes Ei
40 g Gouda
1/4 Bund Schnittlauch
etwas Salz und Pfeffer

Zubereitung:
Von jeder Tomate einen Deckel abschneiden. Nun die Tomaten aushöhlen, etwas Salz darüber streuen. Danach Quark und Crème fraîche verrühren. Paprika, Ei und Käse in kleine Würfel schneiden, mit den Schnittlauchröllchen zu dem Quark geben. Anschließend Gewürze zufügen, alles vermischen und in die Tomaten füllen, gut gekühlt servieren.

ÜBERBACKENE TOMATEN

Zutaten:
4 Tomaten
etwas Gemüsebrühe
etwas Salz und Pfeffer
1 Zwiebel
150 g Champignons
1/4 Bund Petersilie
etwas Butter
etwas Knoblauchsalz und Pfeffer
50 g Oliven
1 Ecke Kräuter-Schmelzkäse
etwas Parmesan-Käse

Zubereitung:
Von den Tomaten die Deckel abschneiden und jede Tomate aushöhlen. Anschließend eine Tomatensoße herstellen. Für diese zerkleinerte Tomatendeckel sowie Fruchtfleisch in etwas Gemüsebrühe köcheln lassen, gut würzen und pürieren. Nun die Tomaten-Füllung zubereiten. Hierzu Zwiebelwürfelchen, blättrig geschnittene Champignons, feingehackte Petersilie in Butter andünsten, würzen. Die Oliven- und Schmelzkäse-Stückchen zufügen, alles vermischen. In eine gefettete Auflaufform Tomatensoße geben, die gefüllten Tomaten hinein setzen. Im vorgeheizten Backofen bei 200 Grad ca. 15 Minuten garen, danach mit Käse bestreuen.

Kleine Frischkäse-Kugeln

Zutaten:
200 g Frischkäse, 2 Esslöffel Milch, etwas Kräutersalz und Pfeffer,
2 Scheiben Pumpernickel

Zubereitung:
Frischkäse und Milch glatt rühren, gut würzen. Anschließend mit Hilfe von zwei Teelöffeln kleine Kugeln formen und in dem zuvor zerkrümelten Brot wälzen. Vor dem Servieren kaltstellen. Nach Belieben die Frischkäse-Kugeln auf Kresse oder Blattsalat anrichten.

HACKFLEISCH-EIER

Zutaten:
1 Brötchen vom Vortag
300 g Hackfleisch
50 g geriebener Hartkäse
etwas Salz, Pfeffer,
Oregano und Paprika
4 hartgekochte Eier
1 Ei
Semmelbrösel
Öl zum Ausbacken

Zubereitung:
Das zuvor in Wasser eingeweichte, gut ausgedrückte Brötchen zu dem Hackfleisch geben, Käse und Gewürze zufügen, alles vermischen. Jedes Ei mit Hackfleischmasse umhüllen, nacheinander in verquirltem Ei und Semmelbrösel wenden. Die Hackfleisch-Eier in heißem Öl schwimmend goldbraun ausbacken.

WINDBEUTEL MIT MEERRETTICH-CREME

Zutaten:

Teig:
1/4 l Wasser
50 g Butter
etwas Salz
150 g Mehl
4 Eier
1/2 Teelöffel Backpulver

Füllung:
200 g Frischkäse
50 g geriebener Hartkäse
1 Esslöffel Meerrettich
1/4 Becher süße Sahne
etwas Salz und Pfeffer

Zubereitung:
Wasser, Butter, Salz in einen Topf geben und aufkochen. Das Mehl auf einmal dazu schütten, bei kleinster Hitze so lange rühren bis sich der Teig als Kloß vom Topfboden löst.

Den Teig in eine Schüssel geben, ein Ei nach dem anderen einarbeiten. Mit dem letzten Ei das Backpulver unterrühren. Den Teig in einen Spritzbeutel mit Sterntülle füllen, Rosetten auf das mit Back-Trennpapier ausgelegte Backblech spritzen. In dem vorgeheizten Backofen bei 200 Grad ca. 30 Minuten backen. Die Windbeutel auf einem Kuchengitter leicht abkühlen lassen, anschließend in der Mitte waagerecht durchschneiden. Für die Füllung alle Zutaten gut verrühren. Nun die Meerrettich-Creme in einen Spritzbeutel füllen, auf jeden Windbeutelboden aufspritzen und mit dem dazugehörenden Windbeuteldeckel abdecken.

GULASCH-SUPPE

Zutaten:

2 Zwiebeln

etwas Öl

400 g Gulasch

2 Esslöffel Paprika

1 l Fleischbrühe

etwas Knoblauchsalz, scharfes Paprikapulver und Pfeffer

1/2 Esslöffel Mehl

1 Becher Schmand

Zubereitung:
Feingehackte Zwiebel in heißem Öl hellgelb dünsten. Das mit Paprika vermischte Gulasch zufügen, kurz anbraten. Fleischbrühe dazu gießen, gut würzen, ca. 30 Minuten zugedeckt köcheln lassen. Mehl mit Schmand verrühren, zu der Suppe geben und nochmals aufkochen.

HACKFLEISCH-BOHNENSUPPE

Zutaten:

400 g Hackfleisch

etwas Salz und Pfeffer

2 Zwiebeln

etwas Öl

2 kleine Dosen Kidney-Bohnen

500 g Tomaten

3/4 l Fleischbrühe

etwas Salz, Pfeffer und Chilipulver

1/2 Becher süße Sahne

Zubereitung:
Hackfleisch zerkleinern, anbraten und würzen. Feingehackte Zwiebeln in heißem Öl glasig dünsten, zu dem Hackfleisch geben. Nun abgetropfte Bohnen, kleingewürfelte Tomaten (diese zuvor enthäuten) und Fleischbrühe zufügen, kurz kochen lassen, anschließend mit den Gewürzen abschmecken. Vor dem Anrichten Sahne unter die Hackfleisch-Bohnensuppe rühren.

KÖSTLICHE KÄSESUPPE

Zutaten:
30 g Mehl
30 g Butter
1 l Gemüsebrühe
2 Ecken Kräuter-Schmelzkäse
etwas Salz und Pfeffer
1/2 Becher süße Sahne
Schnittlauchröllchen
3 Scheiben Weißbrot
30 g Butter

Zubereitung:
Das Mehl in zerlassener, heißer Butter unter Rühren hellgelb anschwitzen. Gemüsebrühe langsam zugießen, ca. 5 Minuten kochen lassen. Anschließend den zerkleinerten Käse dazugeben und schmelzen (nicht mehr kochen). Die Suppe mit den Gewürzen abschmecken, danach die Sahne unterziehen. Vor dem Servieren Schnittlauchröllchen sowie die in Butter angerösteten Weißbrotwürfelchen auf der Suppe verteilen.

FEINE EIERSUPPE

Zutaten:
1 l Gemüsebrühe
2 Eiweiß
2 Eigelb
1 Esslöffel Mehl
etwas Salz und
geriebene Muskatnuss
Schnittlauchröllchen

Zubereitung:
Gemüsebrühe zum Kochen bringen. Eigelb, Mehl und Gewürze unter das zuvor steifgeschlagene Eiweiß ziehen, in die kochende Brühe geben, flach streichen und zugedeckt ca. 10 Minuten bei schwacher Hitze ziehen lassen. Die Eimasse vorsichtig aus der Brühe nehmen und in kleine Würfel schneiden. Diese der Brühe zufügen, mit Schnittlauchröllchen bestreut servieren.

LAUCHSUPPE

Zutaten:
2 Stangen Lauch
etwas Butter
1/4 l Gemüsebrühe
40 g Mehl
30 g Butter
1 l Gemüsebrühe
etwas Salz, Pfeffer
und Curry
1/2 Becher süße Sahne

Zubereitung:
Lauchringe in zerlassener Butter andünsten. Gemüsebrühe zufügen und den Lauch fertig garen. Nun das Mehl in zerlassener Butter anschwitzen, Gemüsebrühe unter Rühren dazu gießen, etwa 15 Minuten köcheln lassen, gut würzen. Zum Schluss Lauch und Sahne unterziehen.

KLÖSSCHEN-SUPPE

Zutaten:
250 g Bratwurstbrät
3 Eier
125 g Semmelbrösel
3 Esslöffel Milch
etwas Oregano
1 1/2 l Fleischbrühe
Schnittlauchröllchen

Zubereitung:
Bratwurstbrät, Eier, Semmelbrösel, Milch und Oregano zu einer glatten Masse verrühren. Nun mit Hilfe von zwei Teelöffeln Klößchen formen. Diese in die kochende Fleischbrühe geben, ca. 5 Minuten ziehen lassen. Vor dem Servieren Schnittlauchröllchen über die Klößchen-Suppe streuen.

MAISSUPPE

Zutaten:

30 g Mehl

30 g Butter

$1/2$ l Gemüsebrühe

1 Dose Mais

2 Eigelb

$1/2$ Becher süße Sahne

$1/2$ Becher Schmand

etwas Kräutersalz,

Pfeffer und Paprika

etwas Petersilie

Zubereitung:

Mehl in zerlassener Butter hellbraun anrösten. Brühe unter Rühren langsam dazu gießen, den Mais zufügen, etwa 15 Minuten köcheln lassen. Eigelb, Sahne, Schmand und Gewürze verquirlen, unter die Suppe ziehen (nicht mehr kochen). Vor dem Anrichten mit feingehackter Petersilie bestreuen.

AVOCADO-SUPPE

Zutaten:

2 Avocados

1 Esslöffel Zitronensaft

$1/8$ l süße Sahne

$1/4$ l Gemüsebrühe

etwas Knoblauchsalz

und Pfeffer

250 g Tomaten

Schnittlauchröllchen

Zubereitung:

Von den Avocados die Kerne entfernen, das Fruchtfleisch herausnehmen, anschließend Zitronensaft darüber gießen und pürieren. Unter das Avocadopüree Sahne sowie erkaltete Gemüsebrühe schlagen, gut würzen. Kleine Tomatenwürfel (Tomaten zuvor enthäuten) zu der Suppe geben, kaltstellen. Vor dem Servieren mit Schnittlauchröllchen bestreuen.

HEFETEIG

Mehl in eine Schüssel sieben. In die Mitte eine Mulde drücken, Hefe hinein bröckeln, etwas Zucker darüber streuen. Hefe und Zucker mit etwas lauwarmer Milch glatt rühren, mit Mehl bestäuben. Die Schüssel mit einem Geschirrtuch abdecken. Den Vorteig ca. 15 Minuten gehen lassen. Restliche Milch, weiche Butter, Zucker oder Salz, Eier dazugeben, zu einem glatten Teig kneten, so lange abschlagen bis er Blasen wirft, sich von der Schüssel löst und glänzt. Den Teig mit einem Tuch abdecken und bei Zimmertemperatur etwa 1 Stunde gehen lassen (bis er sich verdoppelt hat). Nochmals durchkneten, entsprechend dem jeweiligen Rezept weiterverarbeiten.

KRÄUTER-BRÖTCHEN

Zutaten:
500 g Mehl
1 Würfel Hefe
1 Teelöffel Zucker
1/4 l Milch
1 Teelöffel Kräutersalz
1 Esslöffel Öl
40 g Butter
2 Esslöffel feingehackte Kräuter z.B. Petersilie und Dill
1 Esslöffel Schnittlauchröllchen

Zubereitung:
Aus den Zutaten einen Hefeteig herstellen, zuletzt die Kräuter unterkneten und den Teig gehen lassen. Anschließend diesen auf einer bemehlten Arbeitsfläche durchkneten, 8 Brötchen formen und auf ein gefettetes Backblech setzen, zugedeckt nochmals 15 Minuten gehen lassen. Im vorgeheizten Backofen bei 200 Grad ca. 25 Minuten backen. Danach die Brötchen mit kaltem Wasser bestreichen.

GEFÜLLTES BROT

Zutaten:

Teig:
500 g Mehl
1 Würfel Hefe
1 Teelöffel Zucker
1/4 l Wasser
1 Teelöffel Kräutersalz
1 Esslöffel Öl

Füllung:
250 g durchwachsener Speck
2 Zwiebeln
1 Bund Petersilie
etwas Butter

Zubereitung:
Die Teigzutaten zu einem Hefeteig verarbeiten. Für die Füllung Speck- und Zwiebelwürfelchen sowie feingehackte Petersilie in heißer Butter andünsten, abkühlen lassen. Nun den Hefeteig auf einer bemehlten Arbeitsfläche rechteckig auswellen, die Füllung gleichmäßig darauf verteilen. Den Teig von der Längsseite her aufrollen und auf ein gefettetes Backblech legen. Im vorgeheizten Backofen zuerst bei 220 Grad 10 Minuten, danach bei 200 Grad weitere ca. 25 Minuten backen. Anschließend das gefüllte Brot mit kaltem Wasser bestreichen.

Quark-Brötchen

500 g Mehl, 2 Teelöffel Backpulver
und 2 Teelöffel Kräutersalz vermischen.

500 g Quark sowie 2 Eier zu dem Mehl geben,
alles zu einem glatten Teig kneten.

8 Brötchen formen, diese auf
ein gefettetes Backblech setzen.

Die Brötchen mit etwa
20 g geriebenem Hartkäse bestreuen.

Im vorgeheizten Backofen
bei 190 Grad ca. 30 Minuten backen.

PIKANTE PARTY-BUTTER AUS DER ZWERGENKÜCHE

Käsebutter

Zutaten:
125 g Butter
60 g geriebener Hartkäse
etwas Salz und Pfeffer

Zubereitung:
Butter schaumig schlagen. Käse und Gewürze untermischen.

Currybutter

Zutaten:
125 g Butter
1 Esslöffel Curry
etwas Salz

Zubereitung:
Butter mit Curry und Salz schaumig schlagen.

Meerrettichbutter

Zutaten:
125 g Butter
2 Esslöffel geriebener Meerrettich
etwas Salz

Zubereitung:
Meerrettich und Salz unter die schaumig geschlagene Butter rühren.

Mandelbutter

Zutaten:
125 g Butter
1 Esslöffel gemahlene Mandeln
etwas Zitronensaft
etwas Salz und Pfeffer

Zubereitung:
Butter schaumig schlagen. Mandeln und Zitronensaft unterrühren, mit den Gewürzen abschmecken.

Kräuterbutter

Zutaten:
125 g Butter
je 1 Esslöffel feingehackte Kräuter
Petersilie, Dill und Schnittlauchröllchen
etwas Knoblauchsalz

Zubereitung:
Butter schaumig schlagen. Anschließend die Kräuter untermischen, mit Knoblauchsalz würzen.

Senfbutter

Zutaten:
125 g Butter
2 Esslöffel Senf
2 hartgekochte Eier
etwas Salz

Zubereitung:
Butter mit Senf schaumig schlagen. Die feingehackten Eigelb unter die Butter mischen und würzen.

CAMEMBERT-BROT

Zutaten:
500 g Mehl
1 Würfel Hefe
1 Teelöffel Zucker
1/4 l Wasser

125 g Camembert
125 g Quark
1 Teelöffel Kräutersalz

Zubereitung:
Aus Mehl, Hefe, Zucker, Wasser einen Hefeteig herstellen, ca. 15 Minuten gehen lassen. Kleine Camembert-Würfel, Quark, Salz vermischen, zu dem Hefeteig geben und gut unterkneten. Den Teig mit einem Geschirrtuch abdecken, so lange gehen lassen bis er sich verdoppelt hat. Anschließend kurz durchkneten und in eine gefettete Kastenform füllen, zugedeckt nochmals 15 Minuten gehen lassen. Im vorgeheizten Backofen bei 200 Grad etwa 1 Stunde backen. Danach die Oberfläche mit kaltem Wasser bestreichen.

TOMATEN-BROT

Zutaten:
8 kleine Brotscheiben
4 Tomaten
1 Zwiebel
einige Basilikumblättchen
etwas Salz und Pfeffer
1 Esslöffel Essig
1 Esslöffel Olivenöl

Zubereitung:
Die Brotscheiben bei 160 Grad goldgelb rösten. Tomaten- und Zwiebelwürfelchen sowie feingeschnittene Basilikumblättchen in eine Schüssel geben. Salz, Pfeffer, Essig, Öl zufügen, alles gut vermischen, anschließend auf den Broten verteilen und etwa 10 Minuten backen. Die Brote mit Basilikumblättchen verzieren.

LECKER GEFÜLLTES BAGUETTE

Zutaten:
80 g Butter
1 Teelöffel Senf
200 g Frischkäse
100 g Salami
100 g gekochten Schinken
2 hartgekochte Eier
2 Gewürzgurken
1 Zwiebel
1 Esslöffel Kapern
2 Bund Schnittlauch
etwas Knoblauchsalz,
Pfeffer und Paprika
1 Baguette

Zubereitung:
Butter und Senf schaumig schlagen, löffelweise Frischkäse dazugeben, cremig rühren. Nun Salami-, Schinken-, Eier- und Gurkenwürfelchen zufügen. Feingehackte Zwiebel, Kapern sowie Schnittlauchröllchen untermischen, gut würzen.

Das Baguette in der Mitte quer durchschneiden, aushöhlen und die Frischkäsefüllung auf beide Brothälften streichen. Das Baguette wieder zusammen setzen, in Alufolie einpacken, ca. 1 Stunde kaltstellen, danach in Scheiben schneiden.

MÜRBTEIG

Das Mehl auf eine Arbeitsfläche sieben. In die Mitte eine Vertiefung drücken, Salz, Ei und Wasser hinein geben, mit etwas Mehl verrühren. Auf den Mehlrand die kalte, kleingeschnittene Butter legen, alles zu einem glatten Teig kneten. Diesen zugedeckt etwa 1 Stunde bis zur Weiterverarbeitung kaltstellen.

KÜCHLEIN MIT MAIS-KRABBEN-SALAT

Küchlein

Zutaten:
Teig:
250 g Mehl
1/2 Teelöffel Salz
1 Ei
2 Esslöffel Wasser
100 g Butter

8 Tortelettförmchen
Hülsenfrüchte zum Blindbacken

Zubereitung:
Alle Zutaten zu einem glatten Teig kneten, kaltstellen. Diesen auf einer bemehlten Arbeitsfläche knapp 1/2 cm dick auswellen. Mit einem Tortelettförmchen 8 Kreise ausstechen und in die gefetteten Förmchen geben. Teigböden mit Pergamentpapier abdecken, Hülsenfrüchte darauf legen. Im vorgeheizten Backofen bei 200 Grad 10 Minuten blind backen. Papier und Hülsenfrüchte entfernen, weitere ca. 5 Minuten backen. Die Küchlein aus den Förmchen nehmen, auskühlen lassen.

Mais-Krabben-Salat

Zutaten:
200 g Reis
etwas Salz
200 g Mais
125 g Krabben
1 Zwiebel
5 hartgekochte Eier
1/2 Salatgurke
2 Esslöffel Mayonnaise
etwas Salz und Pfeffer

Zubereitung:
Den Reis in Salzwasser garen. Abgetropften Mais, Krabben, feingehackte Zwiebel, Ei- und Gurkenwürfelchen zu dem abgekühlten Reis geben, vorsichtig vermischen. Die Mayonnaise unterziehen und gut würzen. Den Mais-Krabben-Salat vor dem Servieren auf den zuvor gebackenen Küchlein verteilen.

KRABBEN-SALAT

Zutaten:
500 g Krabben
2 Dosen Mandarinen
(Saft von 1 Dose aufheben)
2 Orangen
1 Becher Schmand

Zubereitung:
Krabben, abgetropfte Mandarinen, zerkleinerte Orangenscheiben vermischen. Danach Mandarinensaft mit Schmand verrühren, unter den Krabben-Salat ziehen und gut gekühlt servieren.

HÄHNCHEN-ANANAS-SALAT

Zutaten:
1 kg Hähnchenbrust
etwas Butter
etwas Salz und Curry
250 g Mandelstifte
1 Dose Ananas
(2 Esslöffel Saft aufheben)
50 g Sellerie
2 Becher Crème fraîche

Zubereitung:
Die Hähnchenbrust-Streifen in heißer Butter leicht anbraten, gut würzen, kaltstellen. Mandelstifte und Curry in Butter anrösten, abkühlen lassen. Nun Ananaswürfel, feingeriebener Sellerie, Mandelstifte und Fleisch vermischen. Crème fraîche mit Ananassaft verrühren, unter den Salat ziehen, gekühlt servieren.

Tomaten-Champignon-Salat

Zutaten:
200 g Champignons, etwas Zitronensaft,
3 Tomaten, 1 Kopfsalat, 2 Eßlöffel Essig,
1 Eßlöffel Öl, etwas Salz und Pfeffer

Zubereitung:
Blättrig geschnittene Champignons mit Zitronensaft beträufeln. Anschließend Tomatenscheiben sowie die zerkleinerten Salatblätter zu den Champignons geben, alles vorsichtig vermischen. Nun Essig, Öl, Gewürze gut verrühren und über den Tomaten-Champignon-Salat gießen.

BUNTER PARTY-SALAT

Zutaten:

200 g Sellerie
etwas Zitronensaft
etwas Salz
150 g Hartkäse
150 g gekochten Schinken
4 Tomaten
1 Kopfsalat
2 hartgekochte Eier
1/8 l süße Sahne
2 Esslöffel Öl
4 Esslöffel Essig
etwas Knoblauchsalz
etwas Petersilie
Schnittlauchröllchen

Zubereitung:

Den geschälten Sellerie in 1 cm dicke Scheiben schneiden. Diese mit Zitronensaft beträufeln und in Salzwasser garen, danach in Würfelchen schneiden. Käse-, Schinkenstreifen, Tomatenscheiben und Selleriewürfelchen vermischen. Eine Platte mit Salatblättern auslegen, darüber die Eischeiben verteilen, anschließend alle zuvor vermischten Salat-Zutaten darauf geben. Für die Salatsoße Sahne, Öl, Essig, Salz gut verrühren, feingehackte Petersilie und Schnittlauchröllchen zufügen. Vor dem Servieren die Marinade über den bunten Party-Salat gießen.

PARTY-PIZZAS UND PIKANTE KUCHEN

Spaghetti-Pizza

Zutaten:
250 g Spaghetti
etwas Salz

Soße:
3 Eier
je 1/2 Becher süße
und saure Sahne
100 g gekochten Schinken
50 g geriebener Hartkäse
etwas Knoblauchsalz
und Pfeffer

Belag:
3 Tomaten
1 Zucchini
1 gelbe Paprikaschote
etwas Kräutersalz
30 g Parmesankäse

Zubereitung:
Spaghetti in Salzwasser kochen. Danach die abgetropften Spaghetti gleichmäßig in einer gefetteten Quiche- oder Pizzaform verteilen. Eier und Sahne verquirlen, kleingewürfelten Schinken sowie Käse zufügen, gut würzen.

Die Soße auf den Spaghetti-Boden gießen, mit Tomaten-, Zucchinischeiben, Paprikawürfel belegen. Nun Salz und Parmesan über die Spaghetti-Pizza geben. Im vorgeheizten Backofen bei 200 Grad ca. 30 Minuten backen.

Polenta-Pizza

Zutaten:

Polenta:

1 l Wasser

2 Teelöffel Kräutersalz

30 g Butter

250 g Maisgrieß

Belag:

etwas Tomatensoße

3 Tomaten

200 g Champignons

1 Dose Thunfisch

15 Oliven

etwas Kräutersalz

50 g geriebener Hartkäse

Zubereitung:

Wasser mit Salz und Butter zum Kochen bringen. Grieß einstreuen und zu einem Brei rühren. Die Polenta vom Herd nehmen, zugedeckt 10 Minuten ausquellen lassen, danach gleichmäßig in einer gefetteten Quiche- oder Pizzaform verteilen. Im vorgeheizten Backofen bei 200 Grad 25 Minuten vorbacken. Anschließend Tomatensoße auf den Polenta-Boden streichen, diesen mit Tomaten-, Champignonscheiben, Thunfischstückchen sowie Oliven belegen. Salz und Käse darüber geben, in ca. 20 Minuten fertig backen.

Kartoffel-Pizza

Zutaten:
Teig:
600 g gekochte, geschälte, durchgedrückte Kartoffeln
1 Ei
2 Esslöffel Schmand
2 Esslöffel Mehl
etwas Salz und Pfeffer

Belag:
30 g geriebener Hartkäse
2 Tomaten
1 Zucchini
4 Wiener Würstchen
etwas Kräutersalz
30 g Parmesankäse

4 Pizzaformen Ø 18 cm

Zubereitung:
Die Teigzutaten zu einem glatten Teig verarbeiten, danach als Pizzaboden in die gefetteten Förmchen streichen. Käse darauf verteilen, anschließend mit Tomaten-, Zucchini- und Würstchenscheiben belegen. Zum Schluss Salz und Parmesan über jede Kartoffel-Pizza geben. Im vorgeheizten Backofen bei 200 Grad ca. 30 Minuten backen.

Quark-Pizza

Zutaten:
Teig:
400 g Mehl
2 Teelöffel Backpulver
1 Teelöffel Kräutersalz
1 Ei
250 g Quark
100 g Butter

Belag:
etwas Tomatensoße
Belag nach Belieben
z.B. Gemüse, Pilze,
Wurst bzw. Fisch,
hartgekochte Eier
etwas Kräuter- oder
Knoblauchsalz
50 g geriebener Hartkäse

Zubereitung:
Alle Teigzutaten zu einem glatten Teig verarbeiten, ca. 30 Minuten kaltstellen, danach auswellen und auf ein gefettetes Backblech legen. Den Teigboden mit Tomatensoße bestreichen, anschließend die ausgewählten Belag-Zutaten darauf verteilen. Zum Schluss Salz und Käse darüber geben. Im vorgeheizten Backofen bei 220 Grad etwa 30 Minuten backen.

Champignon-Kuchen

Zutaten:
Teig:
250 g Mehl
1 Messerspitze Backpulver
etwas Kräutersalz
2 Eigelb
3 Esslöffel Wasser
125 g Butter

Belag:
2 Stangen Lauch
etwas Gemüsebrühe
2 Eier
1 Becher süße Sahne
125 g Frischkäse
2 Esslöffel Speisestärke
etwas Salz und
Pfeffer
500 g Champignons
50 g geriebener Hartkäse

Zubereitung:
Die Teigzutaten zu einem glatten Teig kneten, kaltstellen. Lauchringe in Gemüsebrühe blanchieren, anschließend abtropfen lassen. Eier, Sahne, Frischkäse, Speisestärke und Gewürze verquirlen. Blättrig geschnittene Champignons sowie die abgekühlten Lauchringe zu der Eiersahne geben, alles gut vermischen. Nun den auf einer bemehlten Arbeitsfläche ausgewellten Teig in eine gefettete Kuchenform legen. Die Champignonmasse gleichmäßig darauf verteilen und mit Käse bestreuen. Den pikanten Kuchen im vorgeheizten Backofen bei 200 Grad ca. 30 Minuten backen.

Party-Kuchen

Zutaten:
Teig:
225 g Mehl
1 Messerspitze Backpulver
1 Teelöffel Kräutersalz
1 Eigelb
3 Esslöffel Wasser
100 g Butter
je 1/2 Bund Petersilie
und Schnittlauch

Belag:
250 g Quark
150 g Frischkäse
100 g gekochten Schinken
1/2 Becher Schmand
etwas Salz und Pfeffer
1 Zwiebel
etwas Butter
4 Tomaten
30 g geriebener Hartkäse

Zubereitung:
Alle Teigzutaten zu einem Mürbteig verarbeiten. Zum Schluss die feingehackten Kräuter unterkneten, den Teig kaltstellen, danach auf einer bemehlten Arbeitsfläche auswellen und in eine gefettete Kuchenform geben. Nun Quark, Frischkäse, Schinkenwürfelchen, Schmand verrühren, gut würzen und auf den Teigboden streichen. Kleingeschnittene Zwiebel in heißer Butter glasig dünsten, etwas abgekühlt über der Quark-Frischkäsemasse verteilen, die Tomatenscheiben darauf legen. Den Kuchen mit Salz und Käse bestreuen. Im vorgeheizten Backofen bei 200 Grad ca. 50 Minuten backen.

Gefüllte Hähnchen-Filets

Zutaten:

8 Hähnchenbrust-Filets, 4 Scheiben gekochten Schinken, etwas Parmesankäse, $1/4$ Bund Petersilie, etwas Salz und Paprika, etwas Öl

Zubereitung:

In jedes Filet eine Tasche schneiden. Eine halbe Scheibe Schinken hinein legen, auf diese Parmesan und feingehackte Petersilie geben. Danach die gefüllten Taschen mit Zahnstocher zusammen stecken. Anschließend alle Filets gut würzen und in heißem Öl anbraten.

MOZZARELLA-KÜCHLEIN

Zutaten:
800 g Kartoffeln
etwas Salz
Butter zum Anbraten

Belag:
200 g Champignons
1 Paprikaschote
1 Zucchini
etwas Knoblauchsalz
und Pfeffer
1 Mozzarella-Käse
Schnittlauchröllchen

Zubereitung:
Die rohen, geschälten Kartoffeln grob raspeln, gut ausdrücken und würzen. Butter in einer Pfanne erhitzen, etwa 1/4 der Kartoffeln hinein geben. Diese zu einem Küchlein formen, mit dem Bratenwender flach drücken und bei mittlerer Hitze auf beiden Seiten goldbraun anbraten, warm stellen. Aus den restlichen Kartoffeln drei weitere Küchlein zubereiten. Danach blättrig geschnittene Champignons, Paprikawürfelchen, grob geraspelte Zucchini in heißer Butter andünsten und würzen. Nun alle Küchlein mit dem Gemüse belegen, anschließend Mozzarella-Würfelchen sowie Schnittlauchröllchen darüber verteilen.

FLEISCH-SPIESSE

Zutaten:
4 Zwiebeln
1 kg Schweinehals
in Würfel geschnitten
etwas Salz und Pfeffer

Zubereitung:
Zwiebelringe und Fleischwürfel
lagenweise in eine Schüssel
geben. Über die Fleischwürfel
Salz und Pfeffer streuen. Beim
Schichten beachten, dass zu
Beginn wie auch als Abschluss
Zwiebelringe gelegt werden.
Das Fleisch zugedeckt mindes-
tens vier Stunden durchziehen
lassen. Danach alle Zutaten gut
vermischen, die Fleischwürfel
auf Spieße stecken und grillen.
Dazu die Zwiebelringe, Baguette und nach Belieben den
leckeren Frischkäse-Dip reichen.

FRISCHKÄSE-DIP

Zutaten:
400 g Kräuter-Frischkäse
1 Becher Schmand
1 $1/2$ Becher saure Sahne
etwas Kräutersalz,
Pfeffer und Curry
etwas Senf
frische Kräuter
z.B. Petersilie,
Schnittlauch, Dill

Zubereitung:
Alle Zutaten cremig rühren, an-
schließend die feingehackten
Kräuter untermischen.

ZITRONEN-SCHNITZEL

Zutaten:
6 Esslöffel Olivenöl
Saft einer Zitrone
3 Blättchen Basilikum
4 Schnitzel
etwas Öl
etwas Salz und Pfeffer
aus der Mühle
2 Esslöffel gehackte
milde Peperoni
1 Zitrone

Zubereitung:
Öl mit Zitronensaft verrühren, Basilikumblättchen dazugeben. Die Schnitzel etwa 2 Stunden in die Marinade legen, danach in heißem Öl anbraten, gut würzen. Anschließend das Fleisch aus der Pfanne nehmen und warm stellen. Die Marinade in den Bratenfond einrühren, Peperoni zufügen, ca. 15 Minuten köcheln lassen. Nun die Soße über das Fleisch gießen, mit Zitronenspalten garniert anrichten.

PARTY-WÜRSTCHEN

Zutaten:
1 Brötchen vom Vortag
1 Zwiebel
1/2 Bund Petersilie
etwas Öl
500 g Hackfleisch
2 Eier
etwas Salz, Pfeffer
und Majoran
8 Cocktail-Würstchen
Öl zum Ausbacken

Zubereitung:
Die zuvor in Wasser eingeweichten, gut ausgedrückten Brötchen mit Zwiebelwürfelchen und feingehackter Petersilie in heißem Öl andünsten. Etwas abgekühlt zum Hackfleisch geben, Eier, Gewürze zufügen, alles vermischen. Die Würstchen mit Hackfleisch umhüllen, in heißem Öl ausbacken.

PUTENRÖLLCHEN

Zutaten:
4 Putenschnitzel
etwas Salz, Pfeffer
und Paprika
4 Scheiben Lachsschinken
1/2 Paprikaschote
1/2 Zwiebel
etwas Öl
etwas geriebener Hartkäse

Zubereitung:
Alle Schnitzel gut würzen, diese mit je einer Scheibe Schinken belegen. Paprika- und Zwiebelwürfelchen in heißem Öl andünsten. Etwas abgekühlt auf den Schinken geben, den Käse darüber streuen. Nun jedes Schnitzel zusammen rollen, mit Zahnstocher feststecken. Die Putenröllchen in heißem Öl anbraten.

OLIVEN-GERICHT

Zutaten:
800 g Kartoffeln
etwas Knoblauchsalz
und Pfeffer
400 g Schafskäse
1 rote Paprikaschote
etwa 20 Oliven
etwas Majoran

Zubereitung:
Kartoffeln kochen, schälen, in Scheiben schneiden. Diese in eine gefettete Auflaufform schichten, gut würzen. Nun zerbröckelten Schafskäse, Paprikawürfel, Oliven, Majoran vermischen und auf den Kartoffeln verteilen. Im vorgeheizten Backofen bei 180 Grad ca. 30 Minuten backen.

LECKERES FLEISCHGERICHT

Zutaten:
4 Schweine Rückensteaks
3 Esslöffel Mehl
etwas Salz, Pfeffer
und Paprika
etwas Öl
1 Zwiebel
etwas Gemüsebrühe
1 1/2 Becher Schmand
1 Paprikaschote
150 g Erbsen
etwas Salz und Pfeffer

Zubereitung:
Die Steaks in dem mit Salz, Pfeffer und Paprika vermischten Mehl wenden, in heißem Öl beidseitig anbraten. Zwiebelringe dazugeben und mitbraten. Den Bratenfond mit etwas Gemüsebrühe ablöschen, Schmand einrühren, Paprikastreifen und Erbsen zufügen, gut würzen. Das Fleischgericht zugedeckt ca. 5 Minuten köcheln lassen.

FEINES NUDELGERICHT

Zutaten:

400 g Schmetterlings-Nudeln
etwas Salz
30 g Butter
1/4 Bund Petersilie
1 Paprikaschote
100 g gekochten Schinken
etwas Öl
50 g Parmesankäse
1 1/2 Becher süße Sahne
etwas Salz und Pfeffer
Schnittlauchröllchen

Zubereitung:
Nudeln in Salzwasser garen. Butter und feingehackte Petersilie unter die abgetropften Nudeln mischen, in eine gefettete Auflaufform füllen. Paprika- und Schinkenwürfelchen in heißem Öl andünsten, abkühlen lassen. Nun Parmesan sowie Sahne einrühren, gut würzen, danach über die Nudeln geben. Im vorgeheizten Backofen bei 200 Grad ca. 20 Minuten backen. Vor dem Servieren das Nudelgericht mit Schnittlauchröllchen bestreuen.

WURST-CHAMPIGNON-SCHNITZEL

Zutaten:
4 Schnitzel
etwas Salz und Pfeffer
etwas Mehl
etwas Öl
300 g Champignons
1 Zwiebel
200 g Schinkenwurst
150 g gekochten Schinken
je 1 1/2 Becher süße und saure Sahne
1 1/2 Becher Schmand
etwas Kräutersalz, Pfeffer und Paprika

Zubereitung:
Die halbierten Schnitzel mit Salz und Pfeffer würzen, in Mehl wenden, anschließend in heißem Öl anbraten. Nun in einen Topf lagenweise die abgekühlten Schnitzel, blättrig geschnittene Champignons, Zwiebelringe, Wurst-, Schinkenwürfelchen geben.

Süße und saure Sahne sowie Schmand verrühren, gut würzen, über die Wurst-Champignon-Schnitzel gießen, zugedeckt ca. 12 Stunden kaltstellen. Danach im vorgeheizten Backofen ebenfalls zugedeckt bei 200 Grad ca. 1 Stunde garen.

QUARK-KARTOFFELN

Zutaten:
8 Kartoffeln
50 g Butter
125 g Quark
3 Esslöffel Schmand
2 Eigelb

50 g Lachsschinken
1/2 Bund Schnittlauch
etwas Salz und Pfeffer
2 Eiweiß

Zubereitung:
Alle gekochten Kartoffeln der Länge nach halbieren und aushöhlen. Nun die Kartoffelmasse mit der kleingeschnittenen Butter vermischen, abkühlen lassen. Danach Quark, Schmand, Eigelb, Schinkenwürfelchen, Schnittlauchröllchen zufügen, gut verrühren, würzen sowie das steifgeschlagene Eiweiß unterziehen. Anschließend die Kartoffeln damit füllen und auf ein gefettetes Backblech setzen. Im vorgeheizten Backofen bei 175 Grad ca. 20 Minuten backen.

GURKEN-SNACK

Zutaten:
2 Gurken
500 g Quark
1 Bund Dill
etwas Kräutersalz
und Pfeffer
125 g Krabben

Zubereitung:
Beide Gurken der Länge nach halbieren und die Kerne heraus nehmen. Quark und feingeschnittenen Dill verrühren, gut würzen, anschließend die Krabben vorsichtig untermischen. Nun alle Gurkenhälften mit dem Quark füllen, kaltstellen. Vor dem Servieren die Gurken in ca. 3 cm dicke Stücke schneiden.

TOMATEN-SNACK

Zutaten:
2 Mozzarella-Käse
1 grüne Paprikaschote
8 kleine Tomaten
1 Esslöffel Essig
2 Esslöffel Olivenöl
etwas Knoblauchsalz
und Pfeffer

4 Holzspieße

Zubereitung:
Mozzarella und Paprika in Stücke schneiden, abwechselnd mit den halbierten Tomaten auf Holzspieße stecken, kaltstellen. Für die Marinade Essig, Öl, Salz und Pfeffer gut verrühren, diese vor dem Servieren über die Spieße geben.

KÄSEKUGELN

Zutaten:
100 g Schafskäse
200 g Frischkäse
etwas Kräutersalz
und Pfeffer
1/2 Bund Petersilie
100 g gehackte Pistazien

Zubereitung:
Den Schafskäse mit einer Gabel zerdrücken. Anschließend Frischkäse zufügen, alles gut verrühren, würzen und die feingehackte Petersilie untermischen. Nun mit Hilfe von zwei Teelöffeln kleine Kugeln formen, danach in Pistazien wälzen. Die Käsekugeln bis zum Servieren kaltstellen.

Party-Tomaten

Zutaten:
8 Tomaten, etwas Kräutersalz, 2 Eigelb, 60 g geriebener Hartkäse, etwas Petersilie und Basilikum, etwas Salz und Pfeffer, 2 Eiweiß

Zubereitung:
Von jeder Tomate einen Deckel abschneiden. Danach die Tomaten aushöhlen, etwas Salz darüber streuen. Eigelb, Käse, feingehackte Kräuter verrühren und gut würzen. Anschließend das steifgeschlagene Eiweiß unterziehen. Nun die Tomaten mit der Masse füllen und im vorgeheizten Backofen bei 200 Grad ca. 20 Minuten backen.

LECKERE PARTY-BROTE

Zutaten:
8 Scheiben Weißbrot
100 g Kräuter-Frischkäse
4 Tomaten
1 Zucchini
4 Champignons
etwas Kräutersalz
und Pfeffer
2 Mozzarella-Käse
1 grüne Paprikaschote

1 Ausstecherförmchen
ca. 8 cm Ø

Zubereitung:
Aus den Brotscheiben 8 Kreise ausstechen und mit Frischkäse bestreichen. Tomaten, Zucchini in Scheiben sowie Champignons blättrig schneiden.

Nun alle Brote nacheinander mit Tomaten, Zucchini, Champignons belegen, die einzelnen Gemüseschichten gut würzen. Zum Schluss eine Scheibe Mozzarella und ein Stückchen Paprika darauf geben. Im vorgeheizten Backofen bei 200 Grad ca. 10 Minuten backen.

KIRSCHEN-DESSERT

Zutaten:
250 g Quark
70 g Zucker
1 Päckchen Vanillezucker
1 Becher süße Sahne
5 Scheiben Zwieback

50 g Schokolade
50 g gemahlene Mandeln
1 Esslöffel Zucker
1 Glas Sauerkirschen
(Saft aufheben)
1 Päckchen Vanillezucker
1 Päckchen Sahnesteif

Zubereitung:
Quark, Zucker, Vanillezucker mit etwas Sahne cremig rühren. Gemahlener Zwieback, geraspelte Schokolade, Mandeln, Zucker vermischen, etwas Kirschsaft zufügen, alles gut verrühren. Nun lagenweise in eine Schüssel Quarkcreme, Zwiebackmasse und abgetropfte Kirschen füllen. Restliche Sahne, Vanillezucker, Sahnesteif schlagen, das Kirschen-Dessert damit verzieren und bis zum Servieren kaltstellen.

KÖSTLICHER KÄSEKUCHEN

Zutaten:

Teig:

250 g Mehl

1 Messerspitze Backpulver

70 g Zucker

1 Päckchen Vanillezucker

2 Eigelb

2 Esslöffel Crème fraîche

80 g Butter

Belag:

150 g Butter

200 g Zucker

1 Päckchen Vanillezucker

5 Eier

600 g Frischkäse

Saft einer Zitrone

40 g Mehl

1 Prise Backpulver

Hülsenfrüchte zum Blindbacken

Zubereitung:
Alle Teigzutaten zu einem Mürbteig verarbeiten, kaltstellen. Den auf einer bemehlten Arbeitsfläche ausgewellten Teig in eine gefettete Quicheform legen. Nun den Teigboden mit Pergamentpapier abdecken und die Hülsenfrüchte darauf verteilen. Im vorgeheizten Backofen bei 200 Grad 10 Minuten vorbacken, danach Papier und Hülsenfrüchte entfernen.

Butter schaumig schlagen, abwechselnd Zucker, Vanillezucker, Eier dazugeben, gut mitrühren. Anschließend löffelweise Frischkäse, Zitronensaft und Mehl mit Backpulver vermischt unterrühren. Die Frischkäsemasse gleichmäßig auf den Kuchenboden streichen, bei 150 Grad in weiteren ca. 60 Minuten fertig backen. Den Käsekuchen noch 30 Minuten im ausgeschalteten Backofen stehen lassen.

FRÜCHTE-QUICHE

Zutaten:

Teig:
250 g Mehl
1 Messerspitze Backpulver
70 g Zucker
1 Päckchen Vanillezucker
1 Ei
1 Esslöffel Crème fraîche
100 g Butter

Belag:
3 Esslöffel helle Marmelade
1 Dose Ananas
etwa 1/2 Glas Kirschen
100 g Butter
100 g Zucker
1 Päckchen Vanillezucker
2 Eier
25 g Mehl
1 Prise Backpulver
50 g gemahlene Haselnüsse
2 Esslöffel Milch

1 Becher süße Sahne
1 Päckchen Vanillezucker
1 Päckchen Sahnesteif

Hülsenfrüchte zum Blindbacken

Zubereitung:
Alle Teigzutaten zu einem Mürbteig verarbeiten, kaltstellen. Anschließend den auf einer bemehlten Arbeitsfläche ausgewellten Teig in eine gefettete Quicheform geben. Den Teigboden mit Pergamentpapier abdecken, Hülsenfrüchte darauf legen. Im vorgeheizten Backofen bei 200 Grad 10 Minuten vorbacken, danach Papier und Hülsenfrüchte entfernen.

Die Marmelade auf den Quicheboden streichen, darüber abgetropfte Ananasringe verteilen, die Zwischenräume mit abgetropften Kirschen ausfüllen. Butter schaumig schlagen, abwechselnd Zucker, Vanillezucker, Eier zufügen, cremig rühren.

Mehl mit Backpulver vermischt, sowie Haselnüsse und Milch unterheben. Die Masse gleichmäßig über die Früchte geben, in ca. 20 Minuten fertig backen. Nun Sahne, Vanillezucker und Sahnesteif schlagen. Nach dem Auskühlen das Früchte-Quiche mit der Sahne verzieren.

REZEPTE FÜR FESTE

INHALT   Seite

LECKERE VORSPEISEN:

Gefüllte Tomaten	7
Hackfleisch-Eier	9
Käse-Avocados	4
Kleine Frischkäse-Kugeln	8
Überbackene Tomaten	7
Windbeutel mit	
Meerrettich-Creme	11

FEINE SUPPEN:

Avocado-Suppe	17
Feine Eiersuppe	15
Gulasch-Suppe	12
Hackfleisch-Bohnensuppe	13
Klößchen-Suppe	16
Köstliche Käsesuppe	14
Lauchsuppe	16
Maissuppe	17

BROTIDEEN UND MEHR:

Camembert-Brot	23
Currybutter	22
Gefülltes Brot	20
Käsebutter	22
Kräuter-Brötchen	18
Kräuterbutter	22
Lecker gefülltes Baguette	25
Mandelbutter	22
Meerrettichbutter	22
Quark-Brötchen	21
Senfbutter	22
Tomaten-Brot	24

BUNTE SALATE:

Bunter Party-Salat	30
Hähnchen-Ananas-Salat	28
Krabben-Salat	28
Küchlein mit	
Mais-Krabben-Salat	26
Tomaten-Champignon-	
Salat	29

SCHMACKHAFTE HAUPTGERICHTE:

Champignon-Kuchen	37
Feines Nudelgericht	48
Fleisch-Spieße mit	
Frischkäse-Dip	42
Gefüllte Hähnchen-Filets	40
Kartoffel-Pizza	35
Leckeres Fleischgericht	47
Mozzarella-Küchlein	41
Oliven-Gericht	46
Party-Kuchen	38
Party-Würstchen	44
Polenta-Pizza	34
Putenröllchen	45
Quark-Kartoffeln	50
Quark-Pizza	36
Spaghetti-Pizza	33
Wurst-Champignon-	
Schnitzel	49
Zitronen-Schnitzel	43

SNACKS & CO.

Gurken-Snack	52
Käsekugeln	53
Leckere Party-Brote	55
Party-Tomaten	54
Tomaten-Snack	52

TOLLE DESSERTS:

Früchte-Quiche	58
Karamellcreme	64
Kirschen-Dessert	56
Köstlicher Käsekuchen	57
Hefeteig-Zubereitung	18
Mürbteig-Zubereitung	26

Die Rezepte sind für
4 Personen berechnet.

Zwergenstübchen

Die erfolgreiche Serie
für Mutter und Kind

Schön zu lesen und leicht zu backen mit ausgesuchten Rezepten von Kuchen, Torten, Waffeln und Plätzchen. Das Zwergenstübchen Backbuch für die ganze Familie.

Art.-Nr. 264

Hier begleiten uns die Zwerge durch Frühling, Sommer, Herbst und Winter. Mit wenig Aufwand und einfachen Mitteln geben sie Anregungen und zeigen wie Sie mit Ihrer Familie den Jahresablauf gestalten können.

Art.-Nr. 267

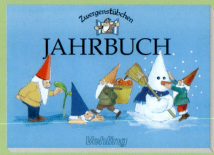

Auf Wunsch vieler Leser kochten unsere Zwerge ganz fleißig und stellten für Sie leckere Rezepte zusammen. Unsere Kochzwerge legten viel Wert auf eine gesunde Küche und suchten Rezepte aus, die schnell, einfach und leicht nachzukochen sind.

Art.-Nr. 318

In der Zwergen-Backstube duftet es nach frisch gebackenen Plätzchen. Plätzchenrezepte und andere Leckereien, die das ganze Jahr über „zwergig gut" gelingen und schmecken.

Art.-Nr. 283

Viele farbige Abbildungen und lustige Illustrationen.
Format: 30 x 21,5 cm

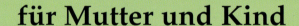

Für alle treuen Zwergenstübchen-Fans haben die Zwerge noch einmal tief in die geheimnisvolle Rezepte-Truhe gegriffen und präsentieren uns das 2. Zwergenstübchen Backbuch mit tollen neuen Rezepten.

Art.-Nr. 260

Viele Überraschungen halten die Zwerge für Sie bereit – unter anderem ein lustiges Puppenfest, schöne Stunden auf dem Bauernhof sowie fröhliche Spiele für Regentage und Sonnenschein.

Art.-Nr. 528

Kochen für Freunde ist gefüllt mit den leckersten Zwergenstübchen Kochrezepten. Die Zwergenköche wählten viele tolle Rezepte aus - vom herzhaften Essen bis zum festlichen Menü.

Art.-Nr. 622

Backen für Freunde überrascht Sie mit vielen süßen, pikanten und gut schmeckenden Backrezepten. Zu jedem Anlass finden Sie leckere Backideen um Ihre Familie und Freunde zu verwöhnen.

Art.-Nr. 621

Viel Freude bei der Vorbereitung und Gestaltung eines unvergeßlichen Kindergeburtstages und herzlichen Glückwunsch allen Geburtstagskindern wünschen wir mit dem Zwergenstübchen Geburtstagsbuch.

Art.-Nr. 374

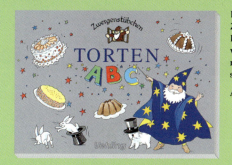

Die ABC Zwerge präsentieren Ihnen die Zwergenstübchen Tortenparade. Das Buch ist gefüllt mit Tortenköstlichkeiten von A - Z für die ganze Familie, die nach Zwergenart leicht nachzubacken sind und bestens schmecken.

Art.-Nr. 557

Alle Zwergenstübchenfamilien möchten die Advents- und Weihnachtszeit gemeinsam mit Ihnen verbringen. Die besten Ideen hierzu finden Sie in diesem Buch. Wie immer liebevoll für Sie zusammengestellt.

Art.-Nr. 372

Weihnachtszeit - Plätzchenzeit. In der Zwergenstübchen Weihnachtsbäckerei gibt es viele neue Plätzchen- und Weihnachtskuchen-Rezepte, die so köstlich schmecken, dass man sie alle ausprobieren möchte.

Art.-Nr. 642

Natur Erleben ist ein wunderbares Buch den Naturkreislauf mit den Zwergen kennenzulernen und dabei die verschiedenen Jahreszeiten zu durchstreifen.

Art.-Nr. 590

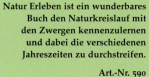

Frisch aus der Zwergenküche erhalten Sie die besten Obstrezepte. Die Zwerge haben viele fruchtige Kuchen und für alle Naschkätzchen feine, süße Obstdesserts zubereitet.

Art.-Nr. 637

In diesem Buch finden Sie die besten süßen und pikanten Auflauf-Rezepte - angefangen vom Ananas-Löffelbiskuit-Auflauf bis hin zum Zwergen-Nudel-Hit. Alle Zwerge laden Sie nun herzlich zum Ausprobieren und Genießen ein.

Art.-Nr. 640

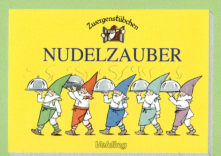

Zwergenstübchen Nudelzauber enthält die feinsten Nudelrezepte für die ganze Familie. Freuen Sie sich auf die köstlichen Nudelgerichte in unserem zauberhaften Nudelbuch.

Art.-Nr. 619

Freuen Sie sich auf ein abwechslungsreiches Kochen und Backen rund um die Kartoffel mit den vielfältigsten Rezepten aus der heimischen Küche sowie feinen internationalen Spezialitäten.

Art.-Nr. 560

Die Zwerge bitten zu Tisch – sie servieren Ihnen in der Zwergenstübchen Reisküche viele süße und pikante Reisgerichte – einen guten Appetit!

Art.-Nr. 639

Karamellcreme – eine leckere Kostprobe

Zutaten:
30 g Zucker, etwas Butter, 1/2 l Milch, 1 Päckchen Vanillepuddingpulver, 2 Esslöffel Milch, 1 Becher süße Sahne, 1 Päckchen Vanillezucker, 1 Päckchen Sahnesteif

Zubereitung:
Zucker in der zerlassenen Butter bräunen, mit Milch ablöschen und zum Kochen bringen. Nun das mit Milch angerührte Puddingpulver zufügen, unter Rühren zu einem Pudding kochen, anschließend kaltstellen. Sahne, Vanillezucker und Sahnesteif schlagen, vor dem Servieren unter die Karamellcreme ziehen.

Gesamtherstellung:	Vehling Verlag GmbH, Berlin
Produktion:	Elke Schuster
Mitarbeit:	Zwergenstübchenmütter
Illustration:	Margret Hoss
Fotografie:	Axel Waldecker
Layout:	Repronorm GmbH
Lithografie:	Repronorm GmbH

Copyright by Detlef Vehling.
Das Werk einschließlich aller seiner Teile ist urheberrechtlich geschützt. Jede Verwertung ist ohne Zustimmung des Verlages unzulässig und strafbar.

Der Inhalt dieses Buches ist vom Verlag sorgfältig erwogen und geprüft, dennoch kann eine Garantie nicht übernommen werden. Eine Haftung des Verlages für Personen-, Sach- und Vermögensschäden ist ausgeschlossen.

www.vehlingbuch.de

 _Meine Party-Rezepte_